Francisco Catão

Os anjos de Deus
Novena

Paulinas

Citações bíblicas: Bíblia Sagrada – tradução da CNBB, 2ª ed., 2002

Editora responsável: Celina Weschenfelder
Equipe editorial

5ª edição – 2011
6ª reimpressão – 2022

Nenhuma parte desta obra poderá ser reproduzida ou transmitida por qualquer forma e/ou quaisquer meios (eletrônico ou mecânico, incluindo fotocópia e gravação) ou arquivada em qualquer sistema ou banco de dados sem permissão escrita da Editora. Direitos reservados.

Paulinas
Rua Dona Inácia Uchoa, 62
04110-020 – São Paulo – SP (Brasil)
Tel.: (11) 2125-3500
http://www.paulinas.com.br – editora@paulinas.com.br
Telemarketing e SAC: 0800-7010081
© Pia Sociedade Filhas de São Paulo – São Paulo, 2003

Os Anjos

"Anjo", do grego, quer dizer "mensageiro". Na tradição cristã, os anjos desempenham um papel relevante na realização do desígnio de Deus, no que concerne à criação e à salvação.

Como tudo o que diz respeito à expressão da fé, a maneira de entender os anjos depende sempre da cultura em que estamos inseridos. Por isso, essa compreensão tem variado bastante, nas diversas épocas da história bíblica e do cristianismo. É notável, por exemplo, na atualidade, a mudança que se vem operando e o grande interesse que despertam os anjos. Passa-se de uma mentalidade racionalista, que lhes reduzia ao máximo a importância, mesmo no seio da Igreja, a uma religiosidade generalizada, que atribui aos anjos um lugar considerável nas relações do ser humano com o sagrado.

No entanto, por meio dessa evolução multimilenar, observa-se como duas constantes na maneira de entender os anjos estão presentes, por um lado, em todas as fases da concretização da salvação de Deus, realizada por Jesus Cristo e atuante na história pelo Espírito, até a consumação final, mas, por outro, permanecem sempre na intimidade de Deus, contemplando a sua face.

O estudo dos textos bíblicos confirma essa característica angélica, que os torna, aliás, expressão da autêntica vocação humana: intimidade com Deus e colaboração com a atuação divina no mundo; contemplação e ação, oração e apostolado.

Os antigos cristãos encaravam a vida angélica como modelo da vida humana. Os autores medievais, baseados na Escritura e na tradição cristã, atribuíam aos anjos a perfeição do conhecimento e do amor, bens espirituais de que participamos como seres criados à imagem de Deus. Mas os anjos, diziam, são puros espíritos, ao passo que os humanos vivem a vida espiritual na condição de seres inseridos no mundo material e sujeitos às limitações temporais.

Ao falar dos anjos, portanto, é preciso partir sempre de nossa experiência pessoal, que somente permite captar em profundidade o sentido da tradição cristã a respeito deles. Somos seres empenhados no mundo, mas, pelo que há de mais profundo em nós mesmos, aspiramos a uma luz e a uma paz que transcendem tudo o que nos pode oferecer o mundo: poder, dinheiro, prestígio ou melhores condições materiais de existência. Nossa ação no mundo será, então, mais perfeita e eficaz quando brotar do que há de melhor em nós mesmos, nessa busca de iluminação e de paz, e quanto mais vivermos e agirmos como os anjos, quais mensageiros de

Deus, que se alimentam perenemente da contemplação de sua face.

Assim como na devoção a Jesus, a Maria e aos santos, a devoção aos anjos implica o empenho em imitarmos o exemplo deles e recorrermos à sua intercessão para participar cada dia mais plenamente da vida que levam junto a Deus, no céu.

A liturgia católica celebra atualmente duas festas de anjos, dos arcanjos Miguel, Gabriel e Rafael, no dia 29 de setembro, e alguns dias depois a festa dos santos anjos da guarda, no dia 2 de outubro.

Esta novena, sem se fixar em nenhuma festa particular, vale para ambas, pois se funda na devoção a todos os espíritos que vivem junto de Deus e colaboram na realização de seus desígnios.

PRIMEIRO DIA

Não temas

Abertura

V. Vinde, ó Deus, em meu auxílio.
R. Socorrei-me sem demora.
   Glória ao Pai, ao Filho e ao Espírito Santo.
   Como era no princípio, agora e sempre.
   Amém.

Hino

Aos anjos cantemos, que guardam a todos,
Que aos homens, tão frágeis, Deus Pai quis juntar;
e assim assistidos, na terra lutando,
no rude combate não venham tombar.

Oração

Ó Deus, que organizais de modo admirável o serviço dos anjos e dos humanos, fazei com que imitemos aqueles que vos servem no céu e sejamos por eles protegidos na terra. Por Nosso Senhor, vosso Filho, na unidade do Espírito Santo. Amém.

Leitura (cf. Lc 1,11-14.19)

Apareceu-lhe, então, o anjo do Senhor, de pé, à direita do altar do incenso. Quando Zacarias o viu, ficou perturbado e com muito medo. O anjo lhe disse: "Não temas, porque o Senhor ouviu o teu pedido. Ficarás alegre e feliz. Eu sou Gabriel e estou sempre na presença de Deus. Fui enviado para anunciar-te esta boa-nova".

Partilha

O anjo, que se identifica como Gabriel e está sempre na presença de Deus, é encarregado de anunciar a boa-nova, o Evangelho. Começa por Zacarias, manifestando-lhe que sua esposa Isabel lhe dará um filho, que este ficará cheio do Espírito Santo, ainda no ventre de sua mãe e, por sua palavra e pela austeridade de sua vida, fará voltar muitos dos filhos de Israel a Deus.

Zacarias teve medo e duvidou. Peçamos aos anjos, que nos acompanham em nossa vida, que nos curem de nossos medos e nos disponham a percorrer na alegria os caminhos do Senhor.

Intercessão

Santos anjos do Senhor, que participais da intimidade do Pai, à luz do Verbo e na plenitude do amor, no Espírito, intercedei por nós junto a Deus. Que também a nossa vida seja toda iluminada e purificada pela intimidade com o Senhor. Defendei-nos dos males que nos ameaçam em nossa caminhada. Protegei-nos com vossa sabedoria e vossa força, para que saibamos receber em abundância a graça de Deus e transformá-la em testemunhos de fé, de esperança e de amor, e em ações de justiça e de paz. Obtende especialmente a graça de que hoje necessitamos (mencioná-la), para que sirvamos a Deus na alegria e na paz.

Bênção

Pela intercessão da Virgem Maria e de todos os anjos, em particular dos que velam especialmente sobre a Igreja e sobre cada um de nós, que o Senhor nos abençoe, nos livre de todo mal, nos enriqueça com as graças de que temos necessidade e nos conduza à vida eterna. Amém.

SEGUNDO DIA

O Senhor está contigo

Abertura

V. Vinde, ó Deus, em meu auxílio.
R. Socorrei-me sem demora.
   Glória ao Pai...

Hino

Gabriel, o anjo forte na luta, nosso tempo sagrado visite,
lance fora o antigo inimigo e, propício, conosco habite.

Oração

Ó Deus, que organizais de modo admirável o serviço dos anjos e dos humanos, fazei com que imitemos aqueles que vos

servem no céu e sejamos por eles protegidos na terra. Por Nosso Senhor, vosso Filho, na unidade do Espírito Santo. Amém.

Leitura (cf. Lc 1,26.28.31-33)

Gabriel foi enviado por Deus a uma virgem chamada Maria. O anjo entrou onde ela estava e disse: "Ave, cheia de graça! O Senhor está contigo. Encontraste graça junto a Deus. Conceberás e darás à luz um filho, e lhe porás o nome de Jesus. Ele reinará para sempre e seu reino não terá fim".

Partilha

O anjo Gabriel, força de Deus, que está sempre na sua presença, é encarregado de anunciar a boa-nova, a vinda do Filho de Deus ao mundo, acolhido pelo consentimento de Maria em ser sua mãe e, por isso, ocupar, junto do Senhor, um lugar ainda mais próximo de Deus do que todos os anjos, tornando-se a Rainha dos Anjos.

A vocação de Maria, transmitida pelo anúncio do anjo, é a de ser mãe de Deus, muito acima dos anjos. Por mais perfeitos que sejam os espíritos do céu e mais santa a missão de que estejam encarregados, não é a eles que devemos o que somos e o que recebemos do alto, mas somente a Deus. O essencial de sua mensagem nos foi transmitido na fala de Gabriel: "O Senhor esteja convosco", tantas vezes repetida na liturgia.

Intercessão

Santos anjos do Senhor, que participais da intimidade do Pai, à luz do Verbo e na plenitude do amor, no Espírito, intercedei por nós junto a Deus. Que também a nossa vida seja toda iluminada e purificada pela intimidade com o Senhor. Defendei-nos dos males que nos ameaçam em nossa caminhada. Protegei-nos com vossa sabedoria e vossa força, para que saibamos receber em abundância a graça de Deus e transformá-la em testemunhos de fé, de esperança e de amor, e em ações de justiça e de paz. Obtende especialmente a graça de que hoje necessitamos (mencioná-la), para que sirvamos a Deus na alegria e na paz.

Bênção

Pela intercessão da Virgem Maria e de todos os anjos, em particular dos que velam especialmente sobre a Igreja e sobre cada um de nós, que o Senhor nos abençoe, nos livre de todo mal, nos enriqueça com as graças de que temos necessidade e nos conduza à vida eterna. Amém.

TERCEIRO DIA

Conforme o anjo do Senhor tinha mandado

Abertura

V. Vinde, ó Deus, em meu auxílio.
R. Socorrei-me sem demora.
   Glória ao Pai...

Hino

Cristo, glória dos coros celestes,
vossos anjos nos venham guiar,
para, unidos a eles um dia,
glória eterna ao Deus Trino cantar.

Oração

Ó Deus, que organizais de modo admirável o serviço dos anjos e dos humanos, fazei com que imitemos aqueles que vos

servem no céu e sejamos por eles protegidos na terra. Por Nosso Senhor, vosso Filho, na unidade do Espírito Santo. Amém.

Leitura (cf. Mt 1,18-20.24)

Maria estava grávida, pela ação do Espírito Santo. José, seu esposo, sendo justo, não querendo denunciá-la, pensou em despedi-la em segredo. Mas um anjo do Senhor lhe apareceu em sonho e o fez compreender que o que nela havia sido gerado vinha do Espírito Santo. Conforme o anjo do Senhor tinha mandado, José acolheu sua esposa, Maria.

Partilha

Deus opera no mundo por meio dos anjos, que nos fazem compreender os caminhos de Deus. Maria acolheu o anjo que lhe falou ao coração, anunciando que fora escolhida para mãe do Salvador. Seu "sim" a tornou mãe. José, seu esposo, não sabia como reagir diante desse fato, para ele inexplicável. O anjo do Senhor o faz compreender que se trata de um fruto do Espírito Santo. José acolhe Maria, sua esposa, na alegria. Compreende que Deus lhe pede a submissão do coração, para realizar sua obra de salvação.

A atitude de José sugere a grande docilidade ao Espírito de Deus, que devemos alimentar no íntimo do nosso coração e de quem os anjos são os ministros, invisíveis, mas reais. A gravidez de Maria foi, para ela e para seu esposo, o sinal fecundo da intervenção de Deus na história, que trouxe a salvação para toda a humanidade. Não há dúvida de que as grandes coisas nascem no fundo do coração dos que dizem "sim" a Deus.

Intercessão

Santos anjos do Senhor, que participais da intimidade do Pai, à luz do Verbo e na plenitude do amor, no Espírito, intercedei por nós junto a Deus. Que também a nossa vida seja toda iluminada e purificada pela intimidade com o Senhor. Defendei-nos dos males que nos ameaçam em nossa caminhada. Protegei-nos com vossa sabedoria e vossa força, para que saibamos receber em abundância a graça de Deus e transformá-la em testemunhos de fé, de esperança e de amor, e em ações de justiça e de paz. Obtende especialmente a graça de que hoje necessitamos (mencioná-la), para que sirvamos a Deus na alegria e na paz.

Bênção

Pela intercessão da Virgem Maria e de todos os anjos, em particular dos que velam especialmente sobre a Igreja e sobre cada um de nós, que o Senhor nos abençoe, nos livre de todo mal, nos enriqueça com as graças de que temos necessidade e nos conduza à vida eterna. Amém.

QUARTO DIA

Uma multidão de anjos louva a Deus

Abertura

V. Vinde, ó Deus, em meu auxílio.
R. Socorrei-me sem demora.
   Glória ao Pai...

Hino

Glória a Deus no mais alto dos céus,
e na terra, paz aos que são do seu agrado.

Oração

Ó Deus, que organizais de modo admirável o serviço dos anjos e dos humanos, fazei com que imitemos aqueles que vos servem no céu e sejamos por eles protegidos na terra. Por Nosso Senhor, vosso Filho, na unidade do Espírito Santo. Amém.

Leitura (cf. Lc 2,5-11.14)

Maria estava grávida. Quando chegou o tempo do parto, deu à luz o seu filho primogênito e deitou-o numa manjedoura, porque não havia lugar para eles na hospedaria. Havia naquela região pastores que passavam a noite nos campos. Um anjo do Senhor lhes apareceu e disse: "anuncio-vos uma grande alegria. Hoje, na cidade de Davi, nasceu para vós o Salvador, o Messias". De repente, a ele se juntou uma multidão de anjos cantando: "Glória a Deus no mais alto dos céus, e na terra, paz aos que são do seu agrado".

Partilha

Os anjos que haviam anunciado a vinda do Salvador a Zacarias, a Maria e a José celebram agora no céu o seu nascimento e o anunciam aos pobres pastores da região de Belém. O Natal é hoje celebrado no mundo inteiro, mas com freqüência nos esquecemos de que foi, primeiro, uma festa no céu, celebrada pelos anjos, cujos primeiros convidados na Terra foram os pastores, gente humilde, os bem-aventurados pobres, a que Jesus se referirá mais tarde.

Os anjos vão acompanhar Jesus do presépio até a cruz, antes de recebê-lo glorioso no céu, quando com ele virão para julgar os vivos e os mortos. Seu louvor perene no céu, de que foram testemunhas os pastores no dia de Natal, faz a sua alegria e é um convite para que a eles nos associemos também, em todas as circunstâncias de nossa vida.

Intercessão

Santos anjos do Senhor, que participais da intimidade do Pai, à luz do Verbo e na plenitude do amor, no Espírito, intercedei por nós junto a Deus. Que também a nossa vida seja toda iluminada e purificada pela intimidade com o Senhor. Defendei-nos dos males que nos ameaçam em nossa caminhada. Protegei-nos com vossa sabedoria e vossa força, para que saibamos receber em abundância a graça de Deus e transformá-la em testemunhos de fé, de esperança e de amor, e em ações de justiça e de paz. Obtende especialmente a graça de que hoje necessitamos (mencioná-la), para que sirvamos a Deus na alegria e na paz.

Bênção

Pela intercessão da Virgem Maria e de todos os anjos, em particular dos que velam especialmente sobre a Igreja e sobre cada um de nós, que o Senhor nos abençoe, nos livre de todo mal, nos enriqueça com as graças de que temos necessidade e nos conduza à vida eterna. Amém.

QUINTO DIA

Seus anjos contemplam a face do Pai

Abertura

V. Vinde, ó Deus, em meu auxílio.
R. Socorrei-me sem demora.
   Glória ao Pai...

Hino

Louvor seja dado ao Deus uno e trino,
à suma Trindade por mando de quem
os anjos governam, dirigem o mundo
e à pátria onde vivem nos levam também.

Oração

   Ó Deus, que organizais de modo admirável o serviço dos anjos e dos humanos, fazei com que imitemos aqueles que vos servem no céu e sejamos por eles protegidos na terra. Por Nosso Senhor, vosso Filho, na unidade do Espírito Santo. Amém.

Leitura (cf. Ex 23,20-21; Mt 18,3.10)

Eis que vou enviar um anjo à tua frente, para que te guarde pelo caminho e te introduza no lugar que eu preparei. Respeita-o e ouve a sua voz.

Em verdade vos digo, se não vos tornardes como crianças, não entrareis no Reino dos Céus. E cuidado! Não desprezeis um só destes pequeninos! Eu vos digo que seus anjos, no céu, contemplam sem cessar a face de meu Pai, que está nos céus.

Partilha

A tradição bíblica mantém, através dos séculos, a convicção de que cada um de nós em particular e a comunidade a que pertencemos somos conduzidos por

Deus por meio dos anjos. Eles nos acompanham em todos os momentos de nossa vida, especialmente nas nossas dúvidas e dificuldades. É preciso ter grande apreço ao que nos é sugerido pelos anjos, saber seguir as suas inspirações e, sobretudo, respeitar o que sugerem ao coração dos outros.

Discutindo quem é o maior no Reino dos Céus, Jesus aponta para uma criança e ensina que devemos tomar consciência de nossa pequenez diante de Deus, só assim evitaremos as ilusões deste mundo e saberemos ouvir, no fundo do coração, a voz de nosso anjo da guarda, que, no céu, contemplando sem cessar a face do Pai, nos faz saber o que é de Deus.

Intercessão

Santos anjos do Senhor, que participais da intimidade do Pai, à luz do Verbo e na plenitude do amor, no Espírito, intercedei por nós junto a Deus. Que também a nossa vida seja toda iluminada e purificada pela intimidade com o Senhor. Defendei-nos dos males que nos ameaçam em nossa caminhada. Protegei-nos com vossa sabedoria e vossa força, para que saibamos receber em abundância a graça de Deus e transformá-la em testemunhos de fé, de esperança e de amor, e em ações de justiça e de paz. Obtende especialmente a graça de que hoje necessitamos (mencioná-la), para que sirvamos a Deus na alegria e na paz.

Bênção

Pela intercessão da Virgem Maria e de todos os anjos, em particular dos que velam especialmente sobre a Igreja e sobre cada um de nós, que o Senhor nos abençoe, nos livre de todo mal, nos enriqueça com as graças de que temos necessidade e nos conduza à vida eterna. Amém.

SEXTO DIA

Os anjos aproximaram-se para servi-lo

Abertura

V. Vinde, ó Deus, em meu auxílio.
R. Socorrei-me sem demora.
   Glória ao Pai...

Salmo (91,9-12)

Teu refúgio é o Senhor;
fizeste do Altíssimo tua morada.
Não poderá te fazer mal a desgraça,
nenhuma praga cairá sobre tua tenda.
Pois ele dará ordem a seus anjos
para te guardarem em todos os teus passos.
Em suas mãos te levarão
para que teu pé não tropece em nenhuma pedra.

Oração

Ó Deus, que organizais de modo admirável o serviço dos anjos e dos humanos, fazei com que imitemos aqueles que vos servem no céu e sejamos por eles protegidos na terra. Por Nosso Senhor, vosso Filho, na unidade do Espírito Santo. Amém.

Leitura (cf. Mt 4,1-3.5.7.9)

Jesus foi conduzido ao deserto pelo Espírito, para ser tentado pelo demônio. Jejuou durante quarenta dias e quarenta noites. Depois teve fome. O tentador aproximou-se e disse: "Se és Filho de Deus, manda que essas pedras se transformem em pães (...) joga-te daqui abaixo (...) eu te darei tudo, se caíres de joelhos para me adorar". Por fim o diabo o deixou e os anjos se aproximaram para servi-lo.

Partilha

Conduzido pelo Espírito, Jesus enfrenta Satanás. Combate espiritual, resumo de todas as nossas lutas, quando percebemos a nossa pretensão de querer vencer todas as dificuldades por nossas próprias forças ou quando nos iludimos, pensando tudo sacrificar pelo sucesso de nossos projetos. Mas, nesse combate, os anjos estão presentes, aproximam-se de nós e vêm em nosso auxílio, renovando nossa confiança em Deus, ajudando-nos a não ouvir o demônio e a rejeitar as ilusões do inimigo.

A Bíblia alimenta a nossa convicção na proteção dos anjos em nossos combates espirituais, desde que saibamos rejeitar as falsas interpretações, como Jesus, que não se deixou iludir pelas citações feitas pelo demônio e lhe opôs a clareza da Palavra, que nos ensina a adorar somente a Deus.

Intercessão

Santos anjos do Senhor, que participais da intimidade do Pai, à luz do Verbo e na plenitude do amor, no Espírito, intercedei por nós junto a Deus. Que também a nossa vida seja toda iluminada e purificada pela intimidade com o Senhor. Defendei-nos dos males que nos ameaçam em nossa caminhada. Protegei-nos com vossa sabedoria e vossa força, para que saibamos receber em abundância a graça de Deus e transformá-la em testemunhos de fé, de esperança e de amor, e em ações de justiça e de paz. Obtende especialmente a graça de que hoje necessitamos (mencioná-la), para que sirvamos a Deus na alegria e na paz.

Bênção

Pela intercessão da Virgem Maria e de todos os anjos, em particular dos que velam especialmente sobre a Igreja e sobre cada um de nós, que o Senhor nos abençoe, nos livre de todo mal, nos enriqueça com as graças de que temos necessidade e nos conduza à vida eterna. Amém.

SÉTIMO DIA

Um anjo do céu o confortava

Abertura

V. Vinde, ó Deus, em meu auxílio.
R. Socorrei-me sem demora.
   Glória ao Pai...

Hino

Ó Cristo, Rei compassivo, de nós lançai todo mal.
Em corpo e alma guardados, por Guardião sem igual,
em vosso amor concedei-nos o Reino celestial.

Oração

   Ó Deus, que organizais de modo admirável o serviço dos anjos e dos humanos, fazei com que imitemos aqueles que vos servem no céu e sejamos por eles protegidos na terra. Por Nosso Senhor, vosso Filho, na unidade do Espírito Santo. Amém.

Leitura (cf. Lc 22,39-41.43-44)

Jesus saiu e, como de costume, foi para o monte das Oliveiras. Chegando ali, pôs-se de joelhos e começou a orar: "Pai, se quiseres, afasta de mim este cálice; contudo, não seja feita a minha vontade, mas a tua". Apareceu-lhe então um anjo do céu, que o confortava. Entrando em agonia, Jesus orava com mais insistência. Seu suor tornou-se como gotas de sangue que caíam no chão.

Partilha

Desde o seu nascimento, durante toda a sua vida, Jesus é acompanhado e servido pelos anjos. Mas a Escritura menciona a presença angélica sobretudo nos momentos decisivos da sua vida, em particular, nos momentos de oração, depois das primeiras tentações e agora, no embate final, em que Jesus deve tomar a decisão definitiva de acolher a vontade do Pai, que o convida a dar a sua vida por toda a humanidade.

Oração e amor, duas realidades inseparáveis na vida de Jesus, como também inseparáveis os dois principais mandamentos, de amor a Deus e ao próximo, e que são ocasiões privilegiadas da assistência que nos dão os anjos, designados para nossa guarda. Na nossa caminhada no seguimento de Jesus, no cumprimento da vontade do Pai até a morte, contamos com a proteção dos anjos, que velam por nós.

Intercessão

Santos anjos do Senhor, que participais da intimidade do Pai, à luz do Verbo e na plenitude do amor, no Espírito, intercedei por nós junto a Deus. Que também a nossa vida seja toda iluminada e purificada pela intimidade com o Senhor. Defendei-nos dos males que nos ameaçam em nossa caminhada. Protegei-nos com vossa sabedoria e vossa força, para que saibamos receber em abundância a graça de Deus e transformá-la em testemunhos de fé, de esperança e de amor, e em ações de justiça e de paz. Obtende especialmente a graça de que hoje necessitamos (mencioná-la), para que sirvamos a Deus na alegria e na paz.

Bênção

Pela intercessão da Virgem Maria e de todos os anjos, em particular dos que velam especialmente sobre a Igreja e sobre cada um de nós, que o Senhor nos abençoe, nos livre de todo mal, nos enriqueça com as graças de que temos necessidade e nos conduza à vida eterna. Amém.

OITAVO DIA

O anjo do Senhor libertou-os

Abertura

V. Vinde, ó Deus, em meu auxílio.
R. Socorrei-me sem demora.
   Glória ao Pai...

Hino

Desdobra-se no céu a rutilante aurora.
Alegre exulta o mundo; gemendo o inferno chora.
Da região da morte cesse o clamor ingente:
"Ressuscitou!", exclama o Anjo refulgente.

Oração

Ó Deus, que organizais de modo admirável o serviço dos anjos e dos humanos, fazei com que imitemos aqueles que vos

servem no céu e sejamos por eles protegidos na terra. Por Nosso Senhor, vosso Filho, na unidade do Espírito Santo. Amém.

Leitura (cf. Mt 28,2.5-6; Jo 22,11-13; At 5,17-20; 8,26)

O anjo do Senhor desceu do céu e falou às mulheres: "Sei que procurais Jesus, que foi crucificado. Ele não está aqui. Ressuscitou, como havia dito!".

Maria tinha ficado fora, junto ao túmulo, chorando. Dois anjos vestidos de branco, sentados onde tinha sido posto o corpo de Jesus, perguntaram: "Mulher, por que choras?".

Mandaram prender os apóstolos e lançá-los na cadeia pública. Durante a noite, porém, o anjo do Senhor abriu a porta da prisão e os fez sair, dizendo: "Apresentai-vos no templo e anunciai ao povo a mensagem da Vida, Jesus salvador".

Um anjo do Senhor falou a Filipe...

Partilha

Tendo anunciado a vinda de Jesus, acompanhado-o e servido-o durante toda a sua vida, especialmente nos momentos decisivos, os anjos puseram-se também a serviço das testemunhas do ressuscitado, orientando e consolando as mulheres, libertando os apóstolos para anunciar o Evangelho e pregar a mensagem de salvação.

A Igreja, nós, discípulos de Jesus, precisamos contar com todos os meios humanos para evangelizar, mas devemos, sobretudo, nos lembrar de que os anjos nos acompanham nessa missão, fortalecendo o nosso coração para seguir os caminhos do Senhor com amor e paixão, libertando-nos de todas as dificuldades criadas ao Evangelho, sustentando-nos para realizar a missão de que somos incumbidos.

Intercessão

Santos anjos do Senhor, que participais da intimidade do Pai, à luz do Verbo e na plenitude do amor, no Espírito, intercedei por nós junto a Deus. Que também a nossa vida seja toda iluminada e purificada pela intimidade com o Senhor. Defendei-nos dos males que nos ameaçam em nossa caminhada. Protegei-nos com vossa sabedoria e vossa força, para que saibamos receber em abundância a graça de Deus e transformá-la em testemunhos de fé, de esperança e de amor, e em ações de justiça e de paz. Obtende especialmente a graça de que hoje necessitamos (mencioná-la), para que sirvamos a Deus na alegria e na paz.

Bênção

Pela intercessão da Virgem Maria e de todos os anjos, em particular dos que velam especialmente sobre a Igreja e sobre cada um de nós, que o Senhor nos abençoe, nos livre de todo mal, nos enriqueça com as graças de que temos necessidade e nos conduza à vida eterna. Amém.

NONO DIA

Os anjos nos acompanham no céu

Abertura

V. Vinde, ó Deus, em meu auxílio.
R. Socorrei-me sem demora.
   Glória ao Pai...

Hino

Com vossos anjos, Senhor, de coração vos louvamos.
Doce cantar alternando, nosso louvor elevamos.
Glória cantando ao Pai, ao Filho glória também.
E ao que procede dos dois, a mesma glória convém.

Oração

Ó Deus, que organizais de modo admirável o serviço dos anjos e dos humanos, fazei que imitemos aqueles que vos servem no céu e sejamos por eles protegidos na terra. Por Nosso Senhor, vosso Filho, na unidade do Espírito Santo. Amém.

Leitura (cf. Ap 21,1-2.9.22; 22,1)

Vi então um novo céu e uma nova terra, pois o primeiro céu e a primeira terra passaram, e o mar já não existe. Vi também a cidade santa descendo do céu, de junto de Deus, vestida como noiva enfeitada para seu esposo.

Depois veio até mim um dos sete anjos. Falou comigo e disse: "Vem! Vou mostrar-te a noiva, a esposa do Cordeiro".

Não vi nenhum templo na cidade, pois o seu templo é o próprio Senhor, o Deus Todo-Poderoso, e o Cordeiro.

Ele mostrou-me um rio de água vivificante, o qual brilhava como cristal. O rio brotava do trono de Deus e do Cordeiro.

Partilha

O ministério dos anjos encaminha-nos para o céu, além da história. São eles quem nos introduzirão no novo céu e na nova terra, isto é, na comunidade cristã que vai ao encontro definitivo com Jesus, enfeitada como uma noiva. Não mais para se encontrar com Deus num templo, mas na comunhão plena com o próprio Senhor Todo-Poderoso e com o Cordeiro, de que brotam as águas vivificantes do Espírito.

A devoção aos anjos, depois de nos recordar que na raiz de sua ação está a intimidade com Deus, em cuja presença permanecem todo tempo, lembra-nos de que somos feitos para estar definitivamente com Deus, Pai, Filho e Espírito Santo, pois "o Senhor Deus que inspira os profetas, enviou o seu Anjo para mostrar a seus servos o que deve acontecer" (Ap 22,6).

Intercessão

Santos anjos do Senhor, que participais da intimidade do Pai, à luz do Verbo e na plenitude do amor, no Espírito, intercedei por nós junto a Deus. Que também a nossa vida seja toda iluminada e purificada pela intimidade com o Senhor. Defendei-nos dos males que nos ameaçam em nossa caminhada. Protegei-nos com vossa sabedoria e vossa força, para que saibamos receber em abundância a graça de Deus e transformá-la em testemunhos de fé, de esperança e de amor, e em ações de justiça e de paz. Obtende especialmente a graça de que hoje necessitamos (mencioná-la), para que sirvamos a Deus na alegria e na paz.

Bênção

Pela intercessão da Virgem Maria e de todos os anjos, em particular dos que velam especialmente sobre a Igreja e sobre cada um de nós, que o Senhor nos abençoe, nos livre de todo mal, nos enriqueça com as graças de que temos necessidade e nos conduza à vida eterna. Amém.

NOSSAS DEVOÇÕES
(Origem das novenas)

De onde vem a prática católica das novenas? Entre outras, podemos dar duas respostas: uma histórica, outra alegórica.

Historicamente, na Bíblia, no início do livro dos Atos dos Apóstolos, lê-se que, passados quarenta dias de sua morte na Cruz e de sua ressurreição, Jesus subiu aos céus, prometendo aos discípulos que enviaria o Espírito Santo, que lhes foi comunicado no dia de Pentecostes.

Entre a ascensão de Jesus ao céu e a descida do Espírito Santo, passaram-se nove dias. A comunidade cristã ficou reunida em torno de Maria, de algumas mulheres e dos apóstolos. Foi a primeira novena cristã. Hoje, ainda a repetimos todos os anos, orando, de modo especial, pela unidade dos cristãos. É o padrão de todas as outras novenas.

A novena é uma série de nove dias seguidos em que louvamos a Deus por suas maravilhas, em particular, pelos santos, por cuja intercessão nos são distribuídos tantos dons.

Alegoricamente, a novena é antes de tudo um ato de louvor ao Pai, ao Filho e ao Espírito Santo, Deus três vezes Santo. Três é número perfeito. Três vezes três, nove. A novena é louvor perfeito à Trindade. A prática de nove dias de oração, louvor e súplica confirma de maneira extraordinária nossa fé em Deus que nos salva, por intermédio de Jesus, de Maria e dos santos.

O Concílio Vaticano II afirma: "Assim como a comunhão cristã entre os que caminham na terra nos aproxima mais de Cristo, também o convívio com os santos nos une a Cristo, fonte e cabeça de que provêm todas as graças e a própria vida do povo de Deus" (Lumen Gentium, 50).

Nossas Devoções procuram alimentar o convívio com Jesus, Maria e os santos, para nos tornarmos cada dia mais próximos de Cristo, que nos enriquece com os dons do Espírito e com todas as graças de que necessitamos.

Francisco Catão

Coleção Nossas Devoções

- *Dulce dos Pobres: novena e biografia* – Marina Mendonça
- *Francisco de Paula Victor: história e novena* – Aparecida Matilde Alves
- *Frei Galvão: novena e história* – Pe. Paulo Saraiva
- *Imaculada Conceição* – Francisco Catão
- *Jesus, Senhor da vida: dezoito orações de cura* – Francisco Catão
- *João Paulo II: novena, história e orações* – Aparecida Matilde Alves
- *João XXIII: biografia e novena* – Marina Mendonça
- *Maria, Mãe de Jesus e Mãe da Humanidade: novena e coroação de Nossa Senhora* – Aparecida Matilde Alves
- *Menino Jesus de Praga: história e novena* – Giovanni Marques Santos
- *Nhá Chica: Bem-aventurada Francisca de Paula de Jesus* – Aparecida Matilde Alves
- *Nossa Senhora Aparecida: história e novena* – Maria Belém
- *Nossa Senhora da Cabeça: história e novena* – Mario Basacchi
- *Nossa Senhora da Luz: novena e história* – Maria Belém
- *Nossa Senhora da Penha: novena e história* – Maria Belém
- *Nossa Senhora da Salete: história e novena* – Aparecida Matilde Alves
- *Nossa Senhora das Graças ou Medalha Milagrosa: novena e origem da devoção* – Mario Basacchi
- *Nossa Senhora de Caravaggio: história e novena* – Leomar A. Brustolin e Volmir Comparin
- *Nossa Senhora de Fátima: novena* – Tarcila Tommasi
- *Nossa Senhora de Guadalupe: novena e história das aparições a São Juan Diego* – Maria Belém
- *Nossa Senhora de Nazaré: novena e história* – Maria Belém
- *Nossa Senhora Desatadora dos Nós: história e novena* – Frei Zeca
- *Nossa Senhora do Bom Parto: novena e reflexões bíblicas* – Mario Basacchi
- *Nossa Senhora do Carmo: novena e história* – Maria Belém
- *Nossa Senhora do Desterro: história e novena* – Celina Helena Weschenfelder
- *Nossa Senhora do Perpétuo Socorro: história e novena* – Mario Basacchi
- *Nossa Senhora Rainha da Paz: história e novena* – Celina Helena Weschenfelder

- *Novena à Divina Misericórdia* – Tarcila Tommasi
- *Novena das Rosas: história e novena de Santa Teresinha do Menino Jesus* – Aparecida Matilde Alves
- *Novena em honra ao Senhor Bom Jesus* – José Ricardo Zonta
- *Ofício da Imaculada Conceição: orações, hinos e reflexões* – Cristóvão Dworak
- *Orações do cristão: preces diárias* – Celina Helena Weschenfelder
- *Os Anjos de Deus: novena* – Francisco Catão
- *Padre Pio: novena e história* – Maria Belém
- *Paulo, homem de Deus: novena de São Paulo Apóstolo* – Francisco Catão
- *Reunidos pela força do Espírito Santo: novena de Pentecostes* – Tarcila Tommasi
- *Rosário dos enfermos* – Aparecida Matilde Alves
- *Rosário por uma transformação espiritual e psicológica* – Gustavo E. Jamut
- *Sagrada Face: história, novena e devocionário* – Giovanni Marques Santos
- *Sagrada Família: novena* – Pe. Paulo Saraiva
- *Sant'Ana: novena e história* – Maria Belém
- *Santa Cecília: novena e história* – Frei Zeca
- *Santa Edwiges: novena e biografia* – J. Alves
- *Santa Filomena: história e novena* – Mario Basacchi
- *Santa Gemma Galgani: história e novena* – José Ricardo Zonta
- *Santa Joana d'Arc: novena e biografia* – Francisco de Castro
- *Santa Luzia: novena e biografia* – J. Alves
- *Santa Maria Goretti: história e novena* – José Ricardo Zonta
- *Santa Paulina: novena e biografia* – J. Alves
- *Santa Rita de Cássia: novena e biografia* – J. Alves
- *Santa Teresa de Calcutá: biografia e novena* – Celina Helena Weschenfelder
- *Santa Teresinha do Menino: novena e biografia* – Jesus Mario Basacchi
- *Santo Afonso de Ligório: novena e biografia* – Mario Basacchi
- *Santo Antônio: novena, trezena e responsório* – Mario Basacchi
- *Santo Expedito: novena e dados biográficos* – Francisco Catão
- *Santo Onofre: história e novena* – Tarcila Tommasi

- *São Benedito: novena e biografia* – J. Alves
- *São Bento: história e novena* – Francisco Catão
- *São Brás: história e novena* – Celina Helena Weschenfelder
- *São Cosme e São Damião: biografia e novena* – Mario Basacchi
- *São Cristóvão: história e novena* – Mário José Neto
- *São Francisco de Assis: novena e biografia* – Mario Basacchi
- *São Francisco Xavier: novena e biografia* – Gabriel Guarnieri
- *São Geraldo Majela: novena e biografia* – J. Alves
- *São Guido Maria Conforti: novena e biografia* – Gabriel Guarnieri
- *São José: história e novena* – Aparecida Matilde Alves
- *São Judas Tadeu: história e novena* – Maria Belém
- *São Marcelino Champagnat: novena e biografia* – Ir. Egídio Luiz Setti
- *São Miguel Arcanjo: novena* – Francisco Catão
- *São Pedro, Apóstolo: novena e biografia* – Maria Belém
- *São Peregrino Laziosi* – Tarcila Tommasi
- *São Roque: novena e biografia* – Roseane Gomes Barbosa
- *São Sebastião: novena e biografia* – Mario Basacchi
- *São Tarcísio: novena e biografia* – Frei Zeca
- *São Vito, mártir: história e novena* – Mario Basacchi
- *Senhora da Piedade: setenário das dores de Maria* – Aparecida Matilde Alves
- *Tiago Alberione: novena e biografia* – Maria Belém